CAMPAGNE ARCHÉOLOGIQUE DE LA LYÈRE

A LA

CONQUÊTE D'UNE CHEMINÉE

PAR

O. DE ROCHEBRUNE

VANNES

LIBRAIRIE LAFOLYE

1896

À LA CONQUÊTE D'UNE CHEMINÉE

Mon cher Directeur,

Vous désirez que j'accompagne les trois petites planches du château de la Lyère que vous allez publier dans une de vos si intéressantes livraisons, du récit de la campagne faite par Raoul et par moi afin de sauver d'une destruction prochaine cette œuvre remarquable d'un artiste encore ignoré du 17e siècle[1]. Afin d'arriver à ce résultat le mieux n'est-il pas de copier les notes prises sur le vif à l'époque où s'exécuta la démolition de ce précieux monument.

Le 1er septembre 1861 j'avais déjà visité cette région sauvage mais très pittoresque, dont l'antique aridité et occupation par les fauves les plus malfaisants est constatée par des appellations de villages, tels que *Saint-Julien-des-Landes*, *Nieuil-le-Dolent*, *Sainte-Flaive-des-loups*, etc. Lorsque j'étais allé dessiner les cheminées en granit du Guy-Sainte-Flaive et le

---

[1] Le retable, placé derrière le maître autel de l'église de Sainte-Flaive, est orné d'une frise semblable à celle qui surmonte l'écusson central de la cheminée : c'est le même dessin, la même facture ; la date de 1658, qui s'y trouve inscrite, nous donne approximativement celle de la construction du château de la Lyère.

vieux château de la Lyère situé à environ trois kilomètres du bourg de *Sainte-Flaive-des-loups*, après avoir terminé le croquis de la façade intérieure de cette jolie gentilhommière style Louis XIII, l'idée me vint de regarder par une fenêtre où il y avait nombre de carreaux cassés : j'aperçus une vaste cheminée avec colonnes en saillie, encadrant un bel écusson avec lambrequins, sculpté sur le manteau. Désirant la mieux voir et la dessiner, je parvins à grimper sur l'appui de la fenêtre, et, passant le bras au travers des carreaux détruits, je tournai l'espagnolette et me voici dans la place. C'était un dimanche : tous les fermiers, grands et petits, s'en étaient allés pour assister aux offices de l'église, laissant bourse et bestiaux à la garde de Dieu ; au reste quel eût été le mécréant assez audacieux pour venir tenter la fortune dans un pays aussi perdu, il fallait être artiste et archéologue pour oser s'aventurer à travers des chemins changés en fondrières, au fond d'une aussi sauvage solitude. Après avoir pénétré comme je viens de le dire dans une vaste salle de 10 mètres de long sur 8 de large, je restai stupéfait de l'aspect monumental de cette belle cheminée dont la forte corniche de granit, à ressauts et à modillons très saillants, recouvre quatre élégantes colonnes corinthiennes, le riche écusson central et de fortes têtes d'anges supportant des grappes de melons d'eau, le tout accosté de bossages en pointes de diamant. — Après l'avoir dessinée avec soin, je repris la route de Sainte-Flaive-des-Loups. — Ce croquis resta à dormir dans mes cartons pendant 23 ans, je ne me doutais pas qu'en 1884 je reviendrais en ces mêmes lieux avec Raoul pour démolir cette cheminée et la transporter à la Court de Saint-Cyr où depuis plus de trois mois nous travaillions à élever une façade plus en harmonie avec le pavillon édifié par B. Fillon, sous la direction de M. Charier architecte de la ville de Fontenay. Il nous manquait une cheminée pour le grand salon ; j'avais souvent montré à Raoul et à Hélène mon dessin de la cheminée de la Lyère, d'un aspect si monumental : on y rêvait la nuit, on en rabâchait le jour, c'était devenu une monomanie, une idée fixe. Pour mettre un terme à cette obsession il fut convenu qu'on tenterait le voyage de la Lyère afin de s'assurer si la cheminée existait encore. Nous partons par une belle matinée de novembre éclairée par un radieux soleil; nous traversons Saint-Vincent-sur-Graon, Nieuil-le-Dolent, mais, arrivés au Tablier, il se trouve que ce village, où nous comptions dételer, est à 500 mètres de la route et qu'il n'y a que des fondrières pour y arriver. Nous dételons un peu plus loin à une maison de meunier où *Caub* est installé sous un hangar à peine fermé.

On nous met sur la route de la Lyère avec des indications si embrouillées que je me demande comment nous avons pu y arriver. Bien m'en a pris de me munir de mes gros sabots de bois: les chemins sont de véritables rivières pleines d'une eau bourbeuse, jaune comme du café au lait. Il faut suivre les *coursières* par les champs, et enfourcher à chaque instant des échaliers qui ont un mètre 40 de hauteur. Après trois quarts d'heure de cette gymnastique énervante, les hautes têtes de cheminée du château commencent à dominer la cime des arbres et nous servent de phare. Il me semble même voir les toitures d'ardoises scintiller au soleil : cela me désespère, car j'entrevois une restauration importante et dans ce cas le propriétaire ne voudra pas se dessaisir de sa cheminée. Nous marchons toujours sur un sol humide et arrivons enfin dans une vallée très creuse, ombragée de chênes aux ramures tourmentées, dignes d'inspirer un Troyon ou un Rousseau, et qui bordaient jadis un long étang, dont la chaussée, depuis long-temps rompue, laisse passer bruyamment le limpide ruisseau qui donne son nom au château. Nous apercevons enfin, sur un mamelon élevé, une vaste enceinte rectangulaire, flanquée de pavillons en partie ruinés, aux quatre angles. Cette enceinte se termine par une sorte d'éperon arrondi et très escarpé du côté de l'ouest; c'est à l'extrémité de ce sommet que le château a été édifié ; c'est par un petit sentier à pic que nous arrivons sur cette forteresse naturelle dont les pentes sont très rapides.

Un dernier échalier, non moins haut que les autres, donne accès dans l'enceinte murée. Quelques pas encore et nous voici dans la cour d'honneur... Je reste stupéfait, ahuri !! A la place de cette belle bâtisse, que j'avais vue il y a bientôt un quart de siècle avec ses toitures, ses lucarnes, ses fenêtres, ses planchers, ses girouettes grinçant au vent, je ne trouve plus aujourd'hui qu'une ruine à peu près complète : plus d'escalier pour atteindre la porte d'entrée ; les toitures se sont effondrées sur les grillages à poutrelles moulurées, qui elles-mêmes gisent brisées dans les sous-sols dont cette avalanche de matériaux a rompu les voutes. Les pignons, les lucarnes à frontons circulaires sont en train de crouler : c'est vérita-blement le château de la misère du *capitaine Fracasse.* Mais nous n'y avons pas aperçu la coquette fleur d'églantier offerte à la douce héroïne du roman de Théophile Gautier, aussi n'espérons pas la voir venir, de sa main charmante, rétablir ces murs dans leur première splendeur. Il n'y a plus mainte-nant que les ronces, le lierre et le sureau, plantes amoureuses des ruines, qui recouvrent les murailles de leur tapis verdo-yant et s'accrochent à toutes les saillies des corniches et des baies, veuves de leurs croix de pierre. — Et la cheminée ! j'y songe enfin, nous nous précipitons sur les rampes de ce qui fut autrefois l'escalier, nous la supposons enfouie sous les décombres : qu'elle n'est pas notre surprise, en la voyant resplendir comme une perle au milieu de tous ces débris amoncelés autour d'elle.

Ses blanches colonnes soutiennent toujours leurs chapi-teaux à volutes en spirales, le casque lambréquiné supporte le lion grimpant sur son cimier, les têtes d'ange de la frise grimacent leur éternel sourire : rien ne peut donner une idée du saisissant contraste qui existe entre tout ce désordre de la ruine et ce joli monument encore intact comme sil-houette et détails. Les ronces et le lierre s'entrelacent dans les colonnes. Une tige de sureau caresse de son léger feuil-lage les fleurons des consoles : tout cet encadrement de verdure fait ressortir merveilleusement l'éclat de la pierre de Charente, dans laquelle on a ciselé la sculpture ; c'est un véritable décor[1]. Cela me rappelle les douze portes du château d'Heidelberg ainsi embordurées par une luxuriante végétation.

Mais il ne suffit pas d'avoir constaté l'existence de la cheminée : il faut parvenir à en faire l'acquisition, à la démolir et à la transporter à Saint-Cyr. Après plusieurs semaines d'attente, le propriétaire consentit enfin à s'en dessaisir en mettant très aimablement à notre disposition les échelles, planches et madriers qui pourraient se trouver à la ferme. M. Hibert, entrepreneur à Luçon, fut chargé de se transporter à Sainte-Flève avec trois de ses plus habiles et robustes ouvriers munis de barres de fer, cric, cordages, etc, etc. Nous partîmes de notre côté, conduits par *Minette*, rapide trotteuse qui nous arrête à l'unique auberge de Sainte-Flève, tenue par Madame M*** au moment même où M. Hibert y arrivait avec ses ouvriers et son matériel. Les premiers renseignements recueillis étaient peu encourageants. Une sorte de repasseur de couteaux ambulant déclarait le château de la Lyère inabordable. Les fermiers, disait-il, apportent le blé à dos de cheval ; que serait-ce donc lorsqu'il s'agirait des lourdes pierres de granit de la cheminée. Nous nous mîmes à déjeuner afin de reprendre courage ; il en fallait, car nous étions dans une sorte de pays perdu où nulle civilisation ne semblait avoir pénétré. La pauvre *Minette* n'avait pas de paille comme litière, mais une brande à moitié pourrie, sous laquelle on sentait sourdre un océan de purin ; le foin et l'avoine étaient problématiques. Comment allait-elle vivre ? C'était le secret des Dieux et de notre hôtesse.

Le déjeuner terminé, nous nous mettons en route au nombre de six. Le village était en rumeur, ne se rendant pas compte du but de notre excursion, et le bruit courait que nous allions achever de démolir le château de la Lyère. Le temps était su-

[1] Voir la planche qui reproduit la cheminée avant son enlèvement.

perbe, Hibert marchait en tête de ses ouvriers : l'un portait des barres de fer de deux mètres de long, l'autre le cric pesant 150 livres, puis des cordages, pinces, marteaux, ciseaux à froid, etc, etc; impossible de suivre le chemin changé en un véritable étang. Force nous est de longer les routins tracés dans les champs, mais il y a 17 échaliers à franchir qui nous viennent à la hauteur de la poitrine : c'est une gymnastique écrasante surtout pour ceux qui sont chargés.

Enfin nous arrivons et prenons possession de la place qui est complètement déserte : tous les fermiers sont à la foire de Nieuil-le Dolent. Nous procédons de suite à la démolition et, à l'aide de fortes échelles et madriers de chêne découverts dans une grange, nous installons un échafaudage au sommet de la cheminée. On commence par enlever la lourde corniche à modillons de granit, qui heureusement ne se trouve pas engagée dans le mur du fond. Mais l'échelle, qui est en bois de Vergne, commence à craquer : il faut l'attacher, alors l'opération s'accomplit parfaitement. Ceci fait, nous constatons qu'aucune pierre du manteau n'est liée avec la muraille, ce qui permet de les descendre à terre avec la plus grande facilité. Toute cette ornementation n'est, en effet, formée que de petits quartiers en pierre de Charente appliquée en placage. On s'explique ces matériaux minuscules par les difficultés que nécessitait le transport, au travers d'un pays où nul véhicule à roue ne pouvait circuler : on les recevait aux Sables par la mer, et ils ne pouvaient être transportés à la Lyère qu'à dos de cheval ou de mulet. Tout fut donc démoli en un clin d'œil et sans une égratignure, jusqu'à la plate bande surmontant les deux consoles; mais là il fallut s'arrêter, car les sommiers de ces consoles traversaient la muraille épaisse de plus d'un mètre : on ne pouvait songer à les en arracher, car cette muraille, déjà fortement lézardée, supportait deux autres corps de cheminées et un pignon s'élevant à plus de 14 mètres du sol. Aucun ouvrier ne pouvait se hasarder à grimper sur un mur aussi élevé et déjà fortement ébranlé par les pluies qui en avaient détrempé les mortiers ; nous prîmes le parti de recouvrir ce qui restait de la cheminée, de madriers, de chêne, placés côte à côte et presque debout de façon à pouvoir renverser d'un seul coup ce haut pignon, avec les deux tuyaux et la cheminée supérieure, dont les énormes blocs glisseraient sur ce plan de bois incliné. Mais, nous avions beau tourner et retourner autour de cette haute muraille, nous ne pouvions découvrir son côté faible bien qu'elle nous parût lézardée et fissurée de toute part. La nuit venait, nous prîmes le parti de remettre notre attaque au lendemain. Le retour à Sainte-Flève fut rude, les 17 échaliers n'ayant pas diminué de hauteur et notre besogne était loin d'être achevée, et sans trop savoir comment nous parviendrions à la terminer. Nous dînons rapidement afin de gagner nos lits, espérant que la nuit porterait conseil. Raoul et moi sommes installés dans une vaste chambre, basse d'étage avec lits sans rideaux. Morphée répand inutilement ses pavots sur la tête de Raoul, car il a attrapé un mal de dents qui ne lui laisse ni trêve ni repos ; et, pour comble de malheur, le plafond en bois, mal joint de notre chambre, laisse incessamment filtrer une pluie de menus graviers et de poussière produite par une légion de rats se livrant au-dessus de nos têtes à un sabbat désordonné ; et ce qui nous inquiète fort, c'est de constater que plusieurs font de la gymnastique au milieu de tasses à café décorant une commode. De là à venir valser sur nos lits il n'y a qu'un pas, et aucun chat pour défendre nos oreilles ! Enfin le jour filtre à travers les jointures de nos contrevents, nous avons tous hâte de quitter ces hôtes incommodes qui nous ont à peine laissé fermer l'œil. Ce qui nous console, c'est qu'Hibert déclare qu'il a eu, pendant l'insomnie causée par les rats la nuit dernière, une idée excellente pour faire tomber le tuyau supérieur : c'est d'attacher une corde aux pierres du manteau de la cheminée ; ce tuyau qui repose dessus s'éboulera du moment où cet appui viendra à lui manquer ; on attache la corde, on tire, la pierre tombe avec fracas, mais rien ne s'écroule, car c'était un placage qui ne supportait aucune charge. Je fis alors glisser une pince entre le jambage et le contre-cœur en brique, et on tire avec la corde pour faire une pesée ; la pince plie et rien ne bouge, ceci nous prouve que le pignon est plus solide que nous ne supposions. Nous recommençons à tourner et retourner autour de cette énorme muraille, moins fixés que jamais sur quel point nous pourrions l'attaquer : très dépité, je m'en vais dessiner l'aspect général de la bâtisse. Au bout d'une heure je reviens et trouve mes hommes plus embarrassés que jamais et ne sachant que faire. Enfin, à force d'examiner ce terrible pignon, j'aperçois en dehors, près du jambage de la cheminée que nous ne pouvions faire tomber, un trou d'environ 6 ou 7 centimètres carrés ; nous y enfonçons une de nos grandes barres, et avec une longue corde on se met 10 ou 12 à tirer dessus : rien encore, c'est à abandonner la partie. Cependant nous constatons qu'une lézarde, placée près du jambage, s'était de beaucoup augmentée. Je fis remarquer à Hibert que la barre a été trop enfoncée dans le mur, ce qui enlève la plus grande partie de sa force à notre levier. Il est midi, nous déjeunons à la hâte à la ferme. Afin de modifier nos moyens d'action dans le sens que j'ai indiqué, nous retirons notre longue barre du trou où elle était engagée, ne lui laissant que 30 centimètres de prise, et on attache la corde bien plus loin afin de donner plus de force au levier. A peine avions-nous donné une première secousse, que tout le jambage s'écroule avec fracas ; le tuyau hésite une seconde puis, n'étant plus soutenu, glisse tout d'une pièce sur les madriers avec un horrible tapage et au milieu d'un tourbillon de poussière qui obscurcit tout. Nous nous précipitons, afin de nous rendre compte du résultat : les madriers ont parfaitement garanti la cheminée il y en a seulement deux de dérangés, que nous remettons en place. Puis nous avisons aux moyens de renverser ce qui reste encore debout, car le pignon s'est simplement dédoublé, entraînant à terre la cheminée du 2ᵉ étage ; mais comme il est aminci de moitié, bien qu'il ait conservé sa même hauteur :

il n'offre plus une aussi grande résistance. Les fermiers nous prêtent un très long câble que nous parvenons à lancer au sommet du pignon, et que nous nouons à une barre de fer fixée beaucoup plus bas, dans un trou de chaffaud ; puis nous nous attelons tous au cordage et on vit alors un étrange effet: le pignon vacillait sur sa base comme un arbre à demi-coupé, sans cependant se décider à choir, parce que nous ne lui laissions pas une liberté assez complète dans ses oscillations. Enfin on se mit à hêler avec une mesure plus lente, et nous vîmes enfin cette énorme masse se pencher sur nous tout d'une pièce, et s'abîmer avec le fracas de la foudre, dans une épaisse nuée de poussière jaune. Nous jetâmes un long cri de satisfaction, car la place était désormais conquise. On déblaya le plus possible les abords de la brèche. Un homme, monté sur une échelle, abattit avec la pioche ce qui restait debout, et promptement nous arrivâmes au niveau des énormes sommiers; ils pesaient 15 à 18 cent livres chaque, il fallut 10 bœufs pour les conduire jusqu'à la route en leur faisant gravir le coteau abrupt situé en face du château. Mais rien n'aurait pu résister à la force patiente d'un pareil attelage, c'était chose curieuse de voir, du point élevé où nous étions placés, ce chapelet de dos fauves, aiguillonnés par les longues gaules et le chant monotone de leurs conducteurs, gravir lentement mais irrésistiblement cette montée à pic, où les roues s'embourbaient jusqu'aux essieux. Le soir même un fort chargement partait pour Saint-Cyr. En examinant l'écusson central, je me suis assuré qu'il avait été recouvert intentionnellement d'une épaisse couche de chaux et qu'il n'avait pas été gratté. Nous revenons à Sainte-Flaive, très fiers de notre journée, et mangeons avec appétit le festin préparé par notre hôtesse ; le menu ne varie guère, c'est toujours poulet rôti ou sauté et pommes de terre sautées ou frites. Mais si les ragoûts et entremets brillent par leur absence Madame M*** les remplace par un déluge d'obséquiosités et de flatteries auxquelles nous ne nous laissons pas prendre, flairant sous toutes ces prévenances fallacieuses une note d'apothicaire rapace.

Le lendemain nous nous levons, le cœur joyeux, par un brillant soleil que ne faisait guère pressentir la soirée d'hier où la pluie tombait à flots. Ce qui reste à faire n'offre plus de difficultés : les énormes blocs de granit roulent facilement sur le terrain en pente et de là sur la charrette acculée pour les recevoir. Je profite des loisirs que me donne ce travail, pour relever le plan par terre et les profils de cette intéressante construction qui, par ses lucarnes à frontons triangulaires ou cintrés, ses tourillons de brique, coiffés d'une cloche en ardoises, ses belles têtes de cheminées à modillons et frises en bossage, nous offre ce qui est assez rare en Vendée, un type du plus pur Louis XIII; puis nous quittons, pour n'y plus revenir, ce coin perdu, si pittoresque dans sa mâle sauvagerie, du Bocage vendéen.

Voici venir le lendemain agrémenté du quart d'heure de Rabelais. Notre hôtesse, d'un air gracieusement béat, apporte pour nous deux seulement une petite note de 65 francs, un peu plus de 8 francs par jour et par personne, pour le coucher et un maigre repas, car nous déjeunions toujours à la Lyère avec les provisions apportées de Saint-Cyr. Nous payons sans sourciller, *jurant mais un peu tard*, etc., et nous partons à 9 heures, par un temps sombre et menaçant. Nous trouvons sur la route les fermiers qui transbordent dans la charrette du roulier leurs énormes matériaux. Minette, si fringante d'habitude, est sans ardeur ; si elle pouvait parler, elle nous dévoilerait très probablement un acte de probité économique de Madame M..., l'avoine, si largement payée, a-t-elle bien été versée dans sa mangeoire? Enfin nous arrivons à Saint-Cyr au moment où la pluie se met à tomber avec une placidité qui semble lui prédire plusieurs jours de durée.

Je fais immédiatement mettre en chantier la pierre au casque, j'ai hâte de découvrir l'écusson qui nous devoilera le nom du propriétaire constructeur de la Lyère. Peu à peu apparaissent sur la droite un lion, une ancre, trois étoiles en chef. Ce sont les armes de la femme, puis à gauche : *d'argent, au chevron de gueules accompagné de trois hures de sanglier arrachées de sable,* c'est le blason de René Théodore Baudouin, chevalier seigneur de la Lyère[1], d'une famille d'origine chevaleresque aujourd'hui éteinte : il avait épousé en 1692, Marie-Anne du Bouchet. Il fut capitaine gardes-côte en Poitou et servit au ban de 1691 avec le grade de colonel. Son goût pour l'architecture et les arts ne saurait être mis en doute, lorsqu'on restitue par la pensée, dans son premier état de splendeur, la jolie bâtisse dont nos trois petites planches ne peuvent indiquer qu'un effet très réduit.

Lorsque tous les matériaux de cette cheminée furent rendus à Saint-Cyr, je me suis mis courageusement à l'œuvre afin d'enlever les trois ou quatre couches de chaux qui en recouvraient et empâtaient tous les sculptures. J'ai découvert, sous cet épais badigeon, des finesses de ciseau inespérées que j'ai fait revivre dans toutes les parties ciselées en pierre de Charente, et, aidé par Drapron qui avec son habileté de main ordinaire a rectifié toutes les moulures en granit, nous avons pu la réédifier dans le grand salon de la Court de Saint-Cyr où elle étale de nouveau aux regards son aspect artistique et monumental[2].

Terre-Neuve, 6 juillet 1895.

---

[1] Bauchet-Filleau, *Dictionnaire des familles du Poitou,* vol. 1er, p. 336, col. 2.

[2] Voir dans le bel ouvrage de Mr Jules Robuchon *Paysages et monuments du Poitou,* Art. *Saint-Cyr en Talmondais,* par M. René Vallette, l'intéressante série de planches où elle se trouve reproduite.